**Artistes | numéro 33**

# GUSTAVE MOREAU, L'ASSEMBLEUR DE RÊVES

## — De l'académisme au symbolisme

par Thibaut Wauthion

**50MINUTES**

Avec la collaboration d'Angélique Demur

# GUSTAVE MOREAU

- **Naissance ?** Né le 6 avril 1826 à Paris.
- **Mort ?** Décédé le 18 avril 1898 dans la même ville.
- **Contexte ?** La seconde moitié du XIXᵉ siècle et la naissance de l'art moderne, porté par le réalisme, l'impressionnisme et, à la fin du siècle, le symbolisme.
- **Œuvres majeures ?**
    - *Œdipe et le Sphinx* (1864)
    - *Orphée* (1865)
    - *Prométhée* (1868)
    - *L'Apparition* (1876)
    - *Sémélé et Jupiter* (1895)

L'œuvre de Gustave Moreau s'inscrit à une époque charnière de l'histoire de l'art, lorsque l'art moderne relègue le Salon et l'académisme au second plan. Il renouvelle la peinture d'histoire et devient l'un des représentants majeurs du symbolisme, un mouvement littéraire et artistique de dimension internationale qui puise ses sujets dans la mythologie et l'onirisme et fait la part belle aux symboles.

Ayant suivi un enseignement artistique classique, Gustave Moreau étanche son immense soif de connaissances en arpentant les allées du Louvre et d'autres musées. Il voyage aussi énormément, et son séjour de deux ans en Italie, lors duquel il apprivoise les grands maîtres de la Renaissance, aura une influence déterminante sur son art. Mais sa vaste culture lui vaut, au début de sa carrière, d'être qualifié de simple imitateur. S'écartant par la suite de ses sources d'inspiration tout en les mettant à profit, Moreau développe son propre style, à travers des œuvres aux références multiples, auréolées de mystère. L'artiste devient célèbre à partir de 1864, grâce à l'obtention d'une médaille au Salon.

La plupart de ses toiles sont aujourd'hui rassemblées dans le musée Gustave Moreau, créé à l'initiative de l'artiste lui-même qui, à la fin de sa vie, aménage sa maison et son atelier afin qu'on y ouvre un musée. Dans ce but, il lègue ses œuvres encore en sa possession à l'État français. Outre cet héritage, il exerce aussi, en tant que professeur à l'École des beaux-arts, une influence indéniable sur plusieurs de ses élèves qui deviendront, quelques années plus tard, les instigateurs des avant-gardes du XX$^e$ siècle.

# CONTEXTE

## UNE SOCIÉTÉ EN PLEINE MUTATION

Au cours de la seconde moitié du XIXᵉ siècle, plusieurs régimes politiques se succèdent en France. Quatre ans à peine après sa proclamation, la Deuxième République laisse place, en 1852, au Second Empire, dirigé par Louis-Napoléon Bonaparte (1808-1873), dit Napoléon III. Suite à la guerre franco-prussienne de 1870, la Troisième République voit le jour et perdurera jusqu'en 1940.

Mais la France de cette époque connaît également de profondes mutations d'ordre économique, technologique et culturel. Sous l'impulsion de la révolution industrielle, née en Angleterre à la fin du XVIIIᵉ siècle, le pays bascule de plain-pied dans la modernité dès le début du XIXᵉ siècle, et les choses s'accélèrent de manière fulgurante à partir de 1850. D'une économie principalement agraire et artisanale, le pays passe à un mode de production industrielle. Les nombreux progrès techniques sont l'une des conséquences de ce changement, mais beaucoup d'autres domaines sont également affectés.

Aussi le paysage parisien change-t-il considérablement en raison d'importants travaux commandités par Napoléon III et menés par le préfet Georges Eugène Haussmann (1809-1891), qui met à profit l'apparition de nouveaux matériaux de construction. Le gouvernement entend transformer Paris en profondeur. Ainsi, de larges boulevards avec trottoirs remplacent progressivement les rues étroites de la capitale, et les monuments et autres édifices publics se voient rehaussés d'une dentelle de fer typique de l'époque.

# LA NAISSANCE DE L'ART MODERNE

Tout au long du XIXe siècle, la production artistique française est contrôlée par l'Académie, qui dicte le bon et le mauvais goût et énonce les règles de la création artistique. Elle privilégie la composition par le dessin – et non les couleurs –, l'idéalisation des sujets et les thèmes historiques ou mythologiques. Seuls les artistes reconnus par l'Académie voient leurs œuvres acceptées au Salon, l'exposition officielle de l'institution.

Parallèlement se développe un art anticonformiste initié par Gustave Courbet (1819-1877), chef de file du réalisme pictural, et par Édouard Manet (1832-1883), considéré comme le précurseur de l'art moderne, puis repris par les impressionnistes. Ces derniers développent un nouveau système d'appréciation de l'art, indépendant du Salon, en organisant leurs propres expositions en marge des événements officiels. Les cafés deviennent ainsi des lieux de rassemblement et d'exposition. Progressivement, l'art est envisagé comme un moyen d'expression subjectif par les artistes, qui délaissent les critères esthétiques admis jusqu'alors. Mais leur originalité est difficilement acceptée par leurs contemporains, peu habitués à une telle liberté de création.

## LE RÉALISME ET L'IMPRESSIONNISME

Le réalisme est un courant littéraire et artistique né dans la deuxième moitié du XIXe siècle. Il consiste en la représentation la plus fidèle possible de la vie ordinaire, sans idéalisation. En représentant des sujets ruraux de manière extrêmement réaliste, Gustave Courbet montre la dureté de la vie paysanne et investit l'art d'un nouveau rôle social. Lors de sa présentation au Salon de 1850, *Un enterrement à Ornans* suscite une violente polémique, notamment en raison de la banalité de son thème – un enterrement dans une ville de province. Quant aux impressionnistes, désignés comme tels par le journaliste Louis Leroy en 1874, ils forment un groupe artistique au style et aux thèmes propres. Se concentrant essentiellement sur leurs émotions, ils tentent de traduire sur leurs toiles une impression subjective et éphémère, délaissant la reproduction fidèle du réel. Pour ce faire, les impressionnistes sortent de leur atelier et peignent en extérieur, d'après nature, principalement des paysages, en essayant de capter le mouvement du monde et les jeux de lumière. D'un point de vue stylistique, l'impressionnisme se caractérise par l'éclaircissement de la palette de couleurs et par l'absence de dessin au profit de petites taches de peinture.

## LE SYMBOLISME OU LA RÉPONSE AUX PROGRÈS TECHNIQUES

En réaction au positivisme (système de pensée qui accorde la primauté à la science) et au réalisme, mais aussi à l'encontre de l'impressionnisme, le symbolisme voit le jour à la fin du XIX<sup>e</sup> siècle. Les écrivains et les artistes de ce mouvement explorent d'autres manières de s'exprimer en usant de références masquées : plutôt que de traiter de réalités immédiates, il s'agit de figurer à l'aide de symboles ce qui est absent, comme l'au-delà ou le transcendant. Le terme « symbolisme » est mentionné pour la première fois en 1886, dans un article de Jean Moréas (1856-1910) pour *Le Figaro*. Celui-ci y présente les différentes individualités qui se retrouvent autour du mot d'ordre de Stéphane Mallarmé (1842-1910) : suggérer et non décrire. Parmi cette nébuleuse d'artistes singuliers, citons notamment l'écrivain Joris-Karl Huysmans (1848-1907), le composi-teur Claude Debussy (1862-1918), ou encore les peintres Félicien Rops (1833-1898), Odilon Redon (1840-1916), Fernand Khnopff (1858-1921) et Gustav Klimt (1862-1918), parmi beaucoup d'autres.

N'étant pas issu d'un regroupement cohérent d'écrivains ou d'ar-tistes, mais bien d'une réaction éparse aux progrès techniques et à la crise morale et spirituelle que connaît la France du XIX<sup>e</sup> siècle, le symbolisme n'a pas reçu de définition précise. Les représentants de ce courant recourent abondamment à la mythologie, à la religion et au mysticisme afin d'aborder des sujets métaphysiques. Leurs œuvres témoignent d'un attrait profond pour la mort, la sexualité, l'inconscient et l'ailleurs. De ce fait, l'interprétation des toiles symbolistes nécessite une culture approfondie, ce qui explique que le symbolisme ne touche qu'un pan réduit de la population, généralement aisé et instruit, qui s'inscrit dans le contexte de ce qu'on a appelé la décadence de la fin-de-siècle.

# BIOGRAPHIE

## UNE VOCATION PRÉCOCE

Né le 6 avril 1826 à Paris, Gustave Moreau grandit dans une famille aisée. Son père, Louis Moreau (1790-1862), est un architecte très prisé au sein de l'administration publique. Homme cultivé, il exerce une grande influence sur son fils, notamment sur son éducation, classique, et sur sa carrière d'artiste. En effet, il n'aura de cesse de l'encourager à suivre sa vocation. Quant à la mère de Gustave Moreau, Pauline Desmoutier (1802-1884), elle est très présente auprès de son fils, qui restera célibataire toute sa vie, à l'image des dandys de son époque.

Dès l'âge de huit ans, Gustave Moreau dessine énormément, une pratique confirmée et acceptée par ses parents suite à un voyage en Italie en 1841 : le jeune homme en revient avec un album contenant des croquis de vues, de personnages ou encore de chevaux. Dès lors, en 1844, il intègre l'atelier de François Picot (1786-1868), un peintre néoclassique décorateur de nombreux monuments publics. Il y reste pendant deux ans afin de préparer le concours de l'École des beaux-arts, où il est admis en 1846. Suite à un double échec au concours du prix de Rome, dont la récompense consiste en un voyage dans la Ville éternelle, Gustave Moreau quitte l'école en 1849 pour poursuivre son apprentissage de façon auto-didacte. Pendant un an, il réalise des copies de maîtres anciens au musée du Louvre et reçoit quelques commandes de l'administration publique grâce aux relations de son père. Par ailleurs, il s'inspire de William Shakespeare (1564-1616) pour peindre plusieurs composi-tions d'inspiration romantique.

# UN « SIMPLE IMITATEUR »

Au début des années 1850, la vie et la carrière de Gustave Moreau connaissent un tournant majeur. D'une part, il loue un atelier à côté de celui du peintre Théodore Chassériau (1819-1856), dont il fait la connaissance en 1851. Cet artiste romantique, qui connaît un certain succès par ses nombreuses commandes de décorations pour divers monuments, influence considérablement l'œuvre de Moreau. Ensuite, l'année suivante, les parents de ce dernier lui achètent une maison avec un atelier aménagé dans les combles. Il y restera toute sa vie.

D'autre part, Gustave Moreau participe pour la première fois, en 1852, au Salon. Il y expose une grande *Pietà*, disparue depuis. Après une seconde participation au Salon l'année suivante, il expose en 1855 à l'Exposition universelle. Toutefois, la reconnaissance s'avère toute relative, les critiques le qualifiant de « simple imitateur » de Théodore Chassériau et d'Eugène Delacroix (1798-1863), le chef de file du romantisme, que Gustave Moreau rencontre en 1856, lors de l'enterrement de Chassériau.

Suite aux critiques émises à son égard, Gustave Moreau se rend en Italie, où il reste deux ans, de 1857 à 1859. À l'Académie de France à Rome, il rencontre de nombreux artistes, dont Edgar Degas (1834-1917), avec qui il se lie d'amitié. Mais, surtout, il visite les plus grandes villes italiennes afin d'apprendre, selon ses dires, tout ce qu'il ignore. À Rome, Florence, Milan, Venise et Naples, il réalise des copies des grands maîtres de la Renaissance, dont Andrea Mantegna (1431-1506) et Vittore Carpaccio (vers 1460-1525), pour lesquels il se passionne. Moreau parfait également sa technique du dessin et de la peinture à l'huile, ainsi que sa connaissance de l'Antiquité, notamment en observant les peintures murales de Pompéi. Ce voyage bouleverse véritablement son art. Dorénavant, son but est clair : il veut renouveler la peinture d'histoire, qu'il juge affaiblie par les compromis de bon ton de l'académisme.

## LE SUCCÈS AU SALON

L'année du décès de son père, en 1862, Gustave Moreau reçoit une importante commande de 14 toiles pour le chemin de Croix de l'église de Decazeville, qu'il exécute anonymement. En 1864, après neuf années de refus au Salon, le succès est enfin au rendez-vous grâce à *Œdipe et le Sphinx*, primée d'une médaille au Salon et acclamée par la critique. Suite à cette reconnaissance, les participations de Gustave Moreau au Salon et à l'Exposition universelle s'enchaînent, et les collectionneurs passionnés se pressent bientôt à sa porte. En 1865, l'artiste est notamment invité à Compiègne par l'empereur Napoléon III. La même année, il aménage un appartement non loin de chez lui pour son amante, Alexandrine Dureux (1839-1890), qui restera sa muse jusqu'à sa mort en 1890. De 1869 à 1876, Moreau cesse toutefois d'exposer au Salon, tantôt à cause de critiques défavorables, tantôt en raison de problèmes de santé contractés lors de la guerre franco-prussienne de 1870. Il s'est en effet engagé dans la Garde nationale, mais a rapidement été réformé à cause de rhumatismes articulaires.

En 1875, l'artiste est nommé chevalier de la Légion d'honneur et, en 1882, officier de la Légion d'honneur. Il participe une dernière fois au Salon en 1880, puis consacre son temps à des commandes. Moreau éprouve une profonde tristesse à la mort de sa mère en 1884, mais il continue à travailler afin de concevoir sa seule exposition personnelle : celle-ci a lieu en 1886 dans une galerie parisienne. Deux ans plus tard, en 1888, désireux d'étudier les maîtres flamands et hollandais, il se rend en Belgique et aux Pays-Bas. Malgré son élection à l'Académie des beaux-arts la même année et les nombreuses sollicitations, il refuse de plus en plus de commandes et de postes, préférant accumuler les œuvres dans son atelier.

En 1891, Moreau devient professeur à l'École des beaux-arts de Paris, une fonction qu'il occupera jusqu'à sa mort. Il enseigne alors à de nombreux élèves dont Henri Matisse (1869-1954), Georges Rouault (1871-1958) et Albert Marquet (1875-1947), sur lesquels il exerce une grande influence. À la fin de sa vie, l'artiste agrandit sa maison en vue de la transformer en un musée rassemblant toute son œuvre. Lorsqu'on lui diagnostique un cancer de l'estomac, en 1897, il termine ses dernières œuvres et rédige des commentaires sur son travail. Gustave Moreau meurt le 18 avril 1898 et est enterré auprès de ses parents au cimetière de Montmartre, à proximité de la tombe d'Alexandrine Dureux.

### L'ASSEMBLEUR DE RÊVES

Gustave Moreau a laissé énormément de commentaires de ses œuvres, soit à l'attention de sa mère malentendante, soit en vue des publications accompagnant son futur musée personnel. Une grande partie de ces écrits a été publiée en 1984 sous le titre *L'Assembleur de rêves*, Moreau lui-même se qualifiant d'« ouvrier assembleur de rêves ». Il y confie sa vision hautement spirituelle de l'art : « L'artiste véritable ne fait que traduire les mouvements de son âme, mes sujets peuvent être le symbole des événements et des aspirations ainsi que des cataclysmes présents. »

# CARACTÉRISTIQUES

## DE L'IMITATION AU SYNCRÉTISME SYMBOLISTE

Résolument éclectique, l'œuvre de Gustave Moreau révèle, tout au long de sa carrière, des influences variées auxquelles sa formation, ses voyages et ses rencontres ne sont pas étrangers. Tour à tour néoclassique, romantique, italianisant et symboliste, l'artiste semble *a priori* échapper à tout classement définitif. Cependant, l'évolution de son style et de ses thématiques tend vers un art profondément spirituel. Ainsi, ses premières œuvres annoncent déjà le symbolisme des dernières.

Au début de sa carrière, les réalisations de Gustave Moreau, de facture académique, sont peu audacieuses. Leurs thèmes, classiques, empruntent à la religion et à la mythologie tandis que leur style dépend fortement du dessin, qui passionne l'artiste et constitue le point de départ de tous ses tableaux. Lorsqu'il côtoie les peintres romantiques Théodore Chassériau et Eugène Delacroix, Moreau subit leur influence presque inconsciemment, car il a déjà pour ambition de renouveler la peinture d'histoire. C'est seulement après son séjour en Italie qu'il développe, tout en produisant des œuvres dans la lignée du grand art italien, un style plus personnel, auréolé de mystère, comme le démontre *Œdipe et le Sphinx*. L'artiste écrit ainsi : « Être moderne consiste à coordonner tout ce que les âges précédents nous ont apporté pour faire voir comment notre siècle a accepté cet héritage et comme il en use. »

Au début des années 1870, l'œuvre de Moreau, qui synthétise dorénavant toutes ses influences et ses connaissances, atteint sa pleine maturité. Le peintre s'inspire à la fois de la nature, de l'Antiquité ou encore des gravures de la Renaissance, mais également de sa collection d'estampes japonaises et des miniatures indiennes et persanes qu'il étudie à la Bibliothèque nationale. Plusieurs caractéristiques permettent alors de distinguer son art : des jeux de clair-obscur, des dorures, des compositions complexes et détaillées, ainsi qu'une atmosphère énigmatique et inquiétante mêlant sensualité et mysticisme. Ses tons se font également plus raffinés et ses décors s'enrichissent de couleurs et de motifs ayant trait tantôt au monde végétal, tantôt à l'orfèvrerie.

## ATTEINDRE L'ESPRIT DU SPECTATEUR

Tout en continuant à puiser son inspiration dans la mythologie gréco-romaine et l'*Ancien Testament*, Moreau compose des œuvres originales emplies d'êtres imaginaires et de palais fantastiques. De plus, l'artiste ne conçoit pas les grands mythes comme de simples histoires à illustrer : il y voit un enchevêtrement de rêves issus des profondeurs de la nature humaine et recelant une vérité éternelle à méditer. Les mythes constituent autant de symboles que l'artiste se doit de faire comprendre à l'homme à travers ses œuvres.

Moreau attend ainsi de ses toiles qu'elles s'adressent à l'esprit du spectateur et qu'elles mènent ce dernier vers un autre monde. Pour lui, un tableau ne doit pas seulement déclencher un processus de réflexion ; il doit également élever spirituellement celui qui le contemple. C'est pourquoi la simple représentation de la nature ou de la ville est totalement absente de sa production artistique : au contraire, Moreau centre son art sur un monde intouchable et transcendant, au détriment du monde terrestre et sensible. Ces particularités en font un représentant majeur du symbolisme en peinture. L'imaginaire de ses œuvres donnera notamment lieu à de nombreuses transpositions littéraires par les esthètes de la fin-de-siècle décadente. L'hommage le plus célèbre au peintre est sans doute le livre *À rebours* (1884) de Joris-Karl Huysmans, dans lequel celui-ci décrit l'univers à la fois sombre mais fascinant de *L'Apparition* (1876).

## DES FIGURES ET DES THÉMATIQUES RÉCURRENTES

Certaines figures récurrentes apparaissent dans les œuvres de Moreau, comme les hommes à l'androgynie marquée et les femmes fatales. De manière générale, les personnalités féminines castratrices reviennent régulièrement dans l'art de cette période, notamment chez Félicien Rops et Gustav Klimt. Il s'agit avant tout de traduire sur la toile les fantasmes d'une époque fascinée par l'inconscient et le côté obscur de la sexualité. Ainsi, à l'instar de ses contemporains symbolistes, Gustave Moreau dépeint fréquemment des figures féminines généralement jeunes et jolies, et qui n'hésitent pas à user de leur pouvoir de séduction sur les hommes. Il s'agit d'ailleurs souvent du sujet principal de ses tableaux, comme en témoigne *L'Apparition*, qui met en scène Salomé envoûtant Hérode.

Mais il existe aussi d'autres thèmes récurrents dans la production de Moreau. C'est le cas de la mort, quasi omniprésente, soit à travers la représentation de cadavres, soit dans le sujet lui-même des œuvres. Les motifs orientaux sont également importants chez cet artiste cultivé qui s'est beaucoup inspiré de ses lectures sur l'Orient pour parsemer ses réalisations de détails architecturaux et vestimentaires renvoyant à la culture orientale.

### DES FORMATS IMPOSANTS

Au grand public, Gustave Moreau présente presque uniquement de grandes huiles sur toile dont le format témoigne de sa volonté de renouveler la peinture d'histoire. Elles constituent l'aboutissement d'un long processus de réflexion généralement effectué au dessin. Par ailleurs, il réalise également un grand nombre d'aquarelles, à destination des amateurs cette fois.

## *ŒDIPE ET LE SPHINX*

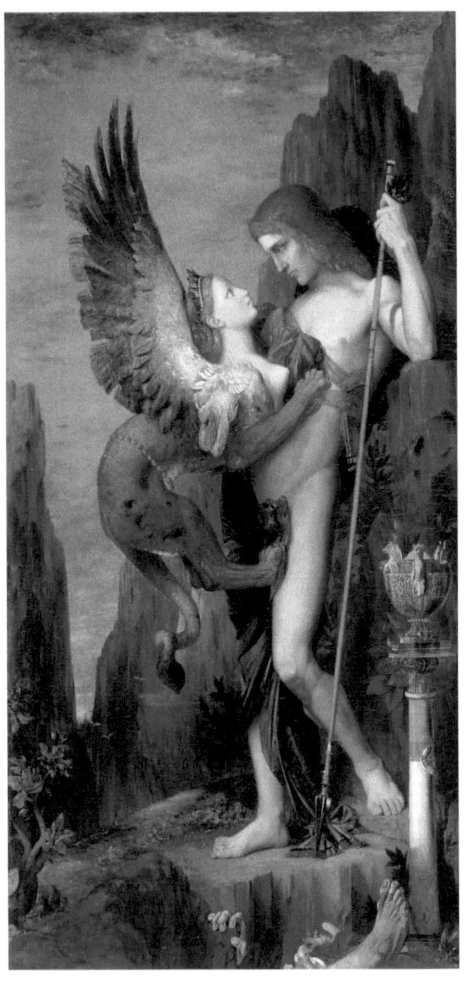

*Œdipe et le Sphinx*, 1864, huile sur toile, 207 x 105 cm, New York, Metropolitan Museum of Art.

C'est avec *Œdipe et le Sphinx* que Gustave Moreau obtient pour la première fois, en 1864, la reconnaissance des critiques et du jury au Salon. Médaillée, cette œuvre marque en effet tous les spectateurs, à la fois par sa facture et sa thématique. Elle rompt radicalement avec l'académisme suave du Salon précédent (*La Naissance de Vénus* d'Alexandre Cabanel, 1823-1889) tout autant qu'avec le réalisme des œuvres d'Édouard Manet (notamment le célèbre *Déjeuner sur l'herbe*) exposées au Salon des refusés en 1863.

Représentant un sujet récurrent dans l'histoire de l'art, à savoir Œdipe face au Sphinx, Gustave Moreau ne se limite pourtant pas à ce simple thème mythologique : il l'agrémente d'une tout autre symbolique. Fils de Laïos et de Jocaste, roi et reine de Thèbes, Œdipe est abandonné suite à une prophétie selon laquelle l'enfant tuera un jour son père. Recueilli par un berger, il prend connaissance de la prophétie plusieurs années plus tard et quitte alors son foyer, qu'il croit habité par son vrai père. Sur le chemin qui le mène à Thèbes, il tue lors d'une rixe un vieillard qui n'est autre que le roi Laïos. Mis au défi par le Sphinx qui, défendant les portes de Thèbes, dévore tous les passants incapables de résoudre son énigme, Œdipe donne la bonne réponse à la créature, qui se suicide.

À côté du sens premier de l'œuvre, se rapportant au mythe, Moreau propose une deuxième lecture : la scène renvoie, de manière plus générale, à la confrontation entre l'homme et la femme fatale, représentée ici sous les traits d'une sphinge (terme désignant la forme féminine du sphinx). L'artiste aborde ainsi l'un des fantasmes de son époque, à savoir la peur et le désir de la femme, soulignés par la posture en retrait d'Œdipe, dont le regard soutient pourtant celui du sphinx au buste de femme. La tension sexuelle est également palpable dans cette poitrine féminine dénudée se pressant contre le corps d'un homme presque nu. En peignant une sphinge, Moreau crée un puissant symbole renvoyant à la femme énigmatique et castratrice.

Mais il existe encore une troisième interprétation de l'œuvre, plus biographique celle-ci. Étant donné les difficultés de Moreau à s'imposer au Salon, cette œuvre pourrait montrer la détermination de l'artiste, figuré sous les traits d'Œdipe, face au public et aux critiques, peints sous la forme du Sphinx qui assaille véritablement Moreau.

Malgré un style assez académique en raison de l'harmonie de la composition et de la primauté du dessin sur la couleur, *Œdipe et le Sphinx* annonce déjà l'art symboliste. En effet, pour comprendre et apprécier le tableau à sa juste valeur, il est nécessaire de le déchiffrer, comme c'est le cas de la plupart des œuvres symbolistes.

# ORPHÉE

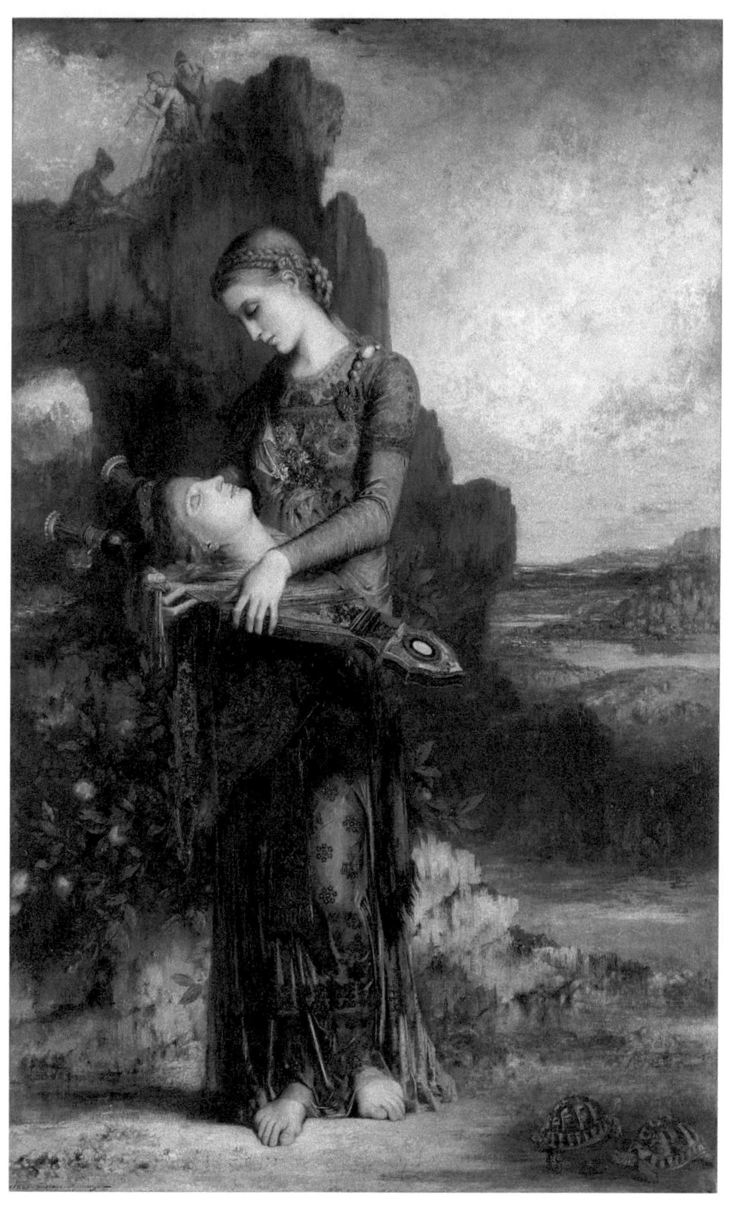

*Orphée*, 1865, huile sur toile, 99,5 x 155 cm, Paris, musée d'Orsay.

Avec ce tableau, Gustave Moreau réinvente le mythe en substituant au caractère morbide et tragique de la mort d'Orphée une immortalité symbolisant de la création artistique. L'artiste est pour Moreau le personnage central de l'humanité.

Orphée, le célèbre poète de Thrace au merveilleux talent musical, connaît une mort horrible. Lui qui séduit les êtres humains et les animaux meurt écartelé et dépecé par les disciples de Dionysos, furieuses d'avoir été charmées par son chant. Selon la mythologie, la tête du poète est jetée dans l'Hèbre, mais Moreau réinterprète la légende en représentant une jeune fille méditant sur la tête d'Orphée, posée sur sa lyre, instrument dont on attribue l'invention au poète. Les trois bergers jouant de la flûte représentés à l'arrière-plan confèrent un aspect bucolique à la scène, qui se déroule par ailleurs au crépuscule dans un paysage irréel. Cette œuvre se veut une méditation sur la mort, en même temps qu'elle rappelle le destin du poète incompris.

Dans ce tableau, Moreau mélange les références selon un syncrétisme typique du symbolisme : la jeune fille à l'air mélancolique porte des vêtements qui rappellent l'Orient tandis que la lumière dorée qui illumine la toile, lui conférant un caractère divin, se réfère à l'art chrétien du Moyen Âge. L'artiste fait également référence à l'amour éternel mais impossible entre Orphée et Eurydice en représentant, dans le coin inférieur droit de la toile, deux tortues, symboles d'éternité, se frôlant mais se dirigeant dans des directions opposées. En effet, après la mort de son épouse, le mythe veut qu'Orphée soit descendu aux Enfers afin de la ramener parmi les vivants. Le gardien des lieux, Hadès, accepta de le laisser entrer à la seule condition qu'il ne se retourne pas vers Eurydice. Mais, sur le chemin du retour, le héros ne respecta pas sa promesse et Eurydice disparut pour toujours.

Le style de ce tableau rappelle certains maîtres italiens de la Renaissance. Ainsi, les couleurs assez sombres et les contours vaporeux renvoyant à la technique du *sfumato* ne sont pas sans évoquer l'art de Léonard de Vinci (1452-1519). Dès sa création, l'œuvre rencontre un grand succès et est achetée par l'État français afin d'être exposée dans le musée d'art moderne de l'époque, le musée du Luxembourg.

# L'APPARITION

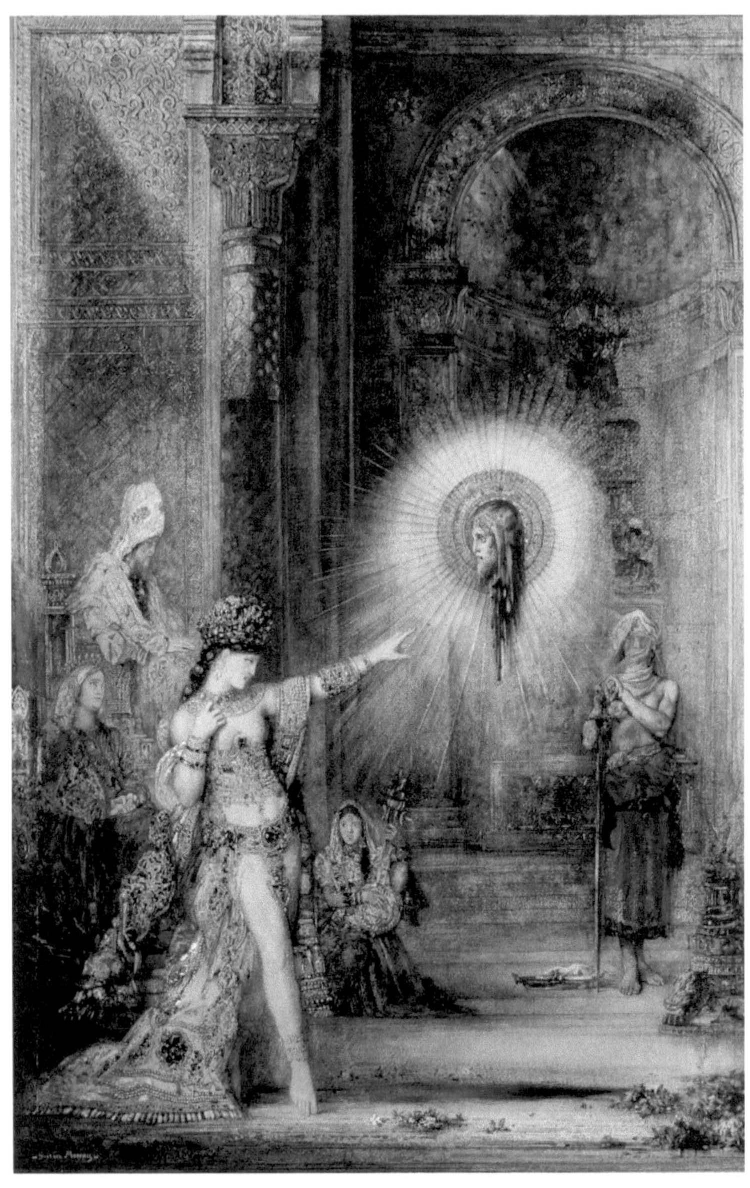

*L'Apparition*, 1876, aquarelle, 106 x 72,2 cm, Paris, musée d'Orsay.

Avec *L'Apparition*, qui présente plusieurs niveaux de lecture, Gustave Moreau réalise une œuvre profondément symboliste, non seulement par sa thématique, mais également par son style, des plus énigmatiques. La technique utilisée démontre en effet une parfaite maîtrise du clair-obscur et de l'emploi d'incisions, de grattages ou encore de rehauts. L'artiste crée ainsi une atmosphère mystérieuse qui suscite l'interrogation et encourage à chercher plus loin que la simple scène biblique.

Le tableau met en scène une Salomé dénudée, venant de finir sa danse et d'envoûter le roi Hérode, son beau-père, qui accepte alors d'exaucer son vœu. Celle-ci réclame, à la demande de sa mère Hérodiade, la décapitation de saint Jean-Baptiste, qui s'oppose au mariage de cette dernière et d'Hérode. Moreau imagine alors un épisode surnaturel dans lequel la tête auréolée de saint Jean-Baptiste s'élève dans les airs au centre de la toile, dominant la scène par sa hauteur et son éclat.

Soucieux de marquer l'esprit du spectateur, Gustave Moreau mêle les influences, les symboles et les significations au point d'empêcher toute définition univoque de l'œuvre. L'influence orientale est clairement identifiable à travers les bijoux de la jeune femme, les vêtements du soldat qui se détache à peine du fond de la toile et l'architecture inspirée de l'Alhambra de Grenade. L'artiste mêle cependant à cette architecture des mille et une nuits des références à l'Occident, comme les détails des voûtes en plein cintre et les colonnes. L'univers du tableau est dès lors indéterminé, et peut renvoyer de manière indifférente à l'une ou l'autre tradition, à l'un ou l'autre lieu.

Le mythe de Salomé est lui-même sujet à interprétation. Symbole de séduction – sa nudité est d'ailleurs clairement mise en avant par l'artiste, de même que sa beauté, rehaussée par le voile couvert de bijoux qui lui tient lieu d'unique vêtement –, elle persuade Hérode, grâce à sa danse sensuelle, de tuer saint Jean-Baptiste. Elle incarne ainsi la femme maudite, vecteur de mort, le type féminin qui revient le plus souvent dans les œuvres de Moreau. Par ailleurs, la relation entre Salomé et l'apparition de saint Jean-Baptiste est incertaine : s'agit-il d'une confrontation depuis l'au-delà ? L'apparition fait-elle écho au sentiment de culpabilité de Salomé ? Ou au désir de vengeance de saint Jean Baptiste ? Au-delà du mythe, cette œuvre représente également, de manière plus générale, le combat entre l'homme et la femme, entre la chair et l'esprit, entre le profane et le sacré.

# JUPITER ET SÉMÉLÉ

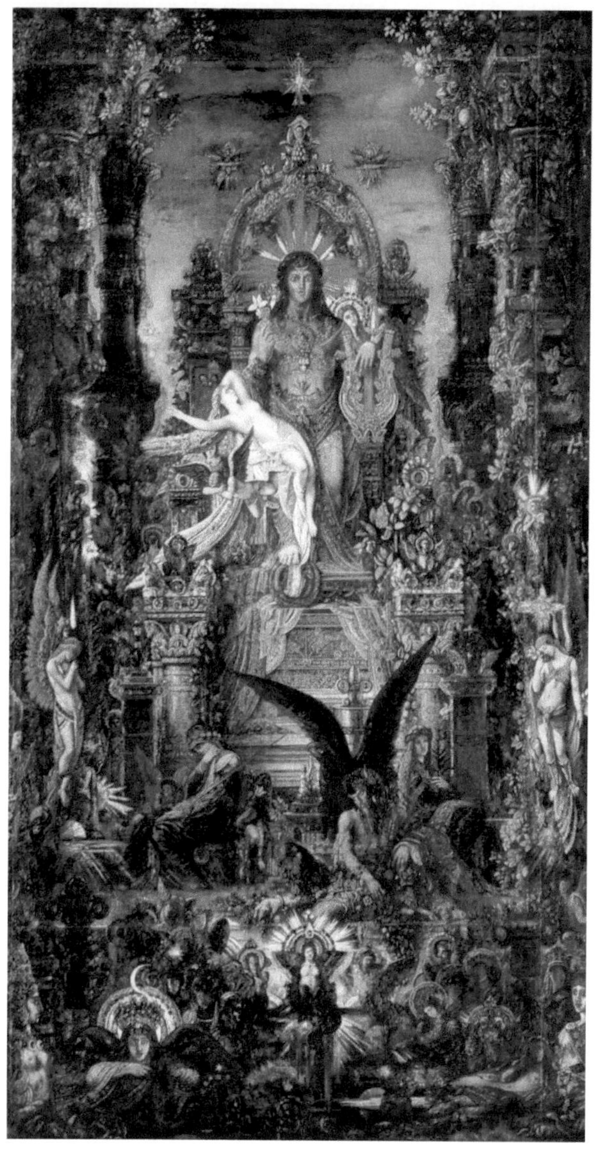

*Jupiter et Sémélé*, 1895, huile sur toile, 213 x 118 cm, Paris, musée Gustave Moreau.

Comptant parmi les rares tableaux à être revenus au musée Gustave Moreau après avoir été vendus, *Jupiter et Sémélé* est une toile immense et extrêmement détaillée regorgeant de symboles et de références se superposant les unes aux autres. Son auteur expliqua longuement chaque motif et leur signification à l'acquéreur de l'œuvre.

Le tableau représente le mythe de la princesse Sémélé, que le dieu Jupiter séduit en prenant une forme humaine. Sémélé persuade son amant de se montrer dans toute sa gloire, mais une fois son désir exaucé, elle meurt foudroyée, consumée par la puissance divine. Jupiter extrait alors du corps de Sémélé leur fils, Dionysos, pour le mettre dans sa cuisse. Le demi-dieu naît quelques mois plus tard.

Jupiter est représenté sur le haut de la toile, trônant sur une fastueuse architecture. Loin des représentations habituelles d'un dieu âgé et barbu, il s'agit ici d'un jeune homme imberbe à la peau mate et aux habits indiens. Une auréole semble former au-dessus de sa tête une sorte de croix chrétienne. Son visage rappelle d'ailleurs celui du Christ sur les icônes byzantines. Sémélé est allongée sur sa jambe droite : elle semble agoniser et s'écarter du dieu, surprise par sa puissance. Juste en dessous d'elle, un ange se cache les yeux : il personnifie le fruit de leur amour, le fils du couple. De chaque côté de la toile, des anges aux ailes montantes veillent sur le monde céleste, représenté dans la partie supérieure du tableau. Dans la partie inférieure, Moreau dépeint les Enfers comme un univers sombre peuplé de créatures informes. Trois personnages séparent les deux mondes : au centre, le dieu de la nature, Pan, avec ses grandes ailes ; à sa gauche se trouve la douleur, représentée sous les traits d'une jeune femme triste qui porte une couronne d'épines ; de l'autre côté, la Mort drapée de violet tient un glaive ensanglanté. Enfin, dans le bas du tableau, sous un croissant de lune, la déesse de la nuit, Hécate, fixe le spectateur de ses grands yeux.

Malgré un sujet mythologique, les références à l'hindouisme et, surtout, au christianisme sont nettement visibles dans *Jupiter et Sémélé*. Moreau tente de représenter le triomphe du divin et du monde céleste face au monde d'en dessous, dépourvu de lumière. De plus, malgré la mort, une fois parvenu dans le monde divin, l'humain semble continuer à vivre, ainsi que l'indique le corps de Sémélé, représenté dans une posture dynamique. Moreau désire ainsi une fois de plus guider le spectateur vers le monde spirituel.

# GUSTAVE MOREAU, UNE SOURCE D'INSPIRATION

Le succès de l'art moderne, porté à la fin du XIX<sup>e</sup> siècle par l'impressionnisme et, au siècle suivant, par des mouvements d'avant-garde tels que le fauvisme, le cubisme, le dadaïsme ou encore le surréalisme, a longtemps relégué le symbolisme, considéré comme simple avatar de l'académisme, au second plan. Les artistes issus de cette tradition ne sont réellement redécouverts qu'après la Seconde Guerre mondiale.

Toutefois, malgré cet oubli qui touche les symbolistes, Gustave Moreau influence toute une série d'artistes dits modernes, essentiellement par le biais de l'enseignement qu'il dispense à l'École des beaux-arts. Parmi ses élèves, on compte notamment plusieurs peintres qui deviendront par la suite les chefs de file du fauvisme, tels Henri Matisse, Georges Rouault ou encore Albert Marquet. En cette fin de siècle complètement chamboulée par le succès de l'impressionnisme et le déclin de l'académisme, Gustave Moreau apparaît comme un professeur atypique : il encourage fortement chacun de ses élèves à développer sa propre personnalité artistique tout en leur apprenant les techniques des maîtres anciens à travers la visite de musées. Plus tard, Matisse qualifiera cet engouement pour les musées, de la part d'un professeur, de révolutionnaire pour l'époque. Ainsi, tout en transmettant ses connaissances, Moreau laisse à ses élèves une grande liberté qui contribuera à la naissance de courants artistiques majeurs du début du XX<sup>e</sup> siècle.

Outre l'influence que Moreau exerce en tant que professeur, le symboliste laisse un héritage considérable aux générations suivantes : sa production compte en effet 850 tableaux, 350 aquarelles et 5000 dessins. Il est d'ailleurs l'un des rares artistes à avoir véritablement réalisé un travail de mémoire. À la fin de sa vie, il ne peint plus pour vendre, mais pour étoffer son futur musée, qu'il sait déjà posthume. Sachant sa fin proche, il termine ses dernières toiles et rédige une série de commentaires sur les réalisations qui jalonnent sa carrière. Le musée Gustave Moreau ouvre ses portes le 13 janvier 1903, presque cinq ans après la mort du peintre.

Durant le siècle suivant, le courant qui s'inspire peut-être le plus du symbolisme et *a fortiori* de Gustave Moreau est le surréalisme, qui récupère l'univers onirique, énigmatique et irréel des peintres symbolistes. En 1912, André Breton (1896-1966) visite le musée Gustave Moreau et en ressort profondément troublé. L'auteur du *Manifeste du surréalisme* (1924) précise par la suite que cette découverte le marqua dans sa façon de rêver et de concevoir la féminité.

- Gustave Moreau, né en 1826, est tour à tour néoclassique, romantique, italianisant et symboliste. S'il semble *a priori* échapper à tout classement définitif, l'évolution de son style et de ses thématiques tend cependant vers un art profondément spirituel. Ainsi, ses premières œuvres annoncent déjà le symbolisme des dernières.

- D'abord qualifié de « simple imitateur » par la critique, c'est après un séjour en Italie que l'artiste développe un style propre, synthèse de toutes ses influences et connaissances. *Œdipe et le Sphinx*, qui remporte une médaille au Salon de 1864, marque le début de son succès.

- Moreau cherche avant tout à renouveler la peinture d'histoire. Mais là où la tradition académique considère que la peinture d'histoire a une visée pédagogique, Moreau entend faire de l'art une voie vers la spiritualité, et pas uniquement un simple miroir de la réalité.

- Produisant des œuvres auréolées de mystère, regorgeant de symboles et mêlant divers univers, Moreau est considéré comme l'un des représentants majeurs du symbolisme. Ses sujets, le plus souvent mythologiques ou bibliques, sont agrémentés de références à d'autres cultures et proposent plusieurs significations.

- Les œuvres de Gustave Moreau sont regroupées au musée Gustave Moreau, créé à l'initiative de l'artiste juste avant sa mort. Mais il ne s'agit pas là de son seul héritage. Professeur à l'École des beaux-arts vers la fin de sa vie, Moreau a influencé plusieurs de ses élèves qui sont par la suite devenus les chefs de file du mouvement fauve. En outre, son art a également séduit André Breton, chef de file du surréalisme.

# POUR ALLER PLUS LOIN

## SOURCES BIBLIOGRAPHIQUES


- ALLARD (Sébastien), *L'Art français. Le XIX^e siècle. 1819-1905*, Paris, Flammarion, 2009.
- GIBSON (Michael), *Le Symbolisme*, Cologne, Taschen, 2006.
- *Gustave Moreau. Mythes & Chimères : aquarelles et dessins secrets du musée Gustave Moreau*, catalogue d'exposition, Paris, RMN, 2003.
- « L'art de Gustave Moreau », sur http://www.musee-moreau.fr/gustave-moreau/lart-de-gustave-moreau, consulté le 20/09/2014.
- MARTIN-FUGIER (Anne), *La Vie d'artiste au XIX^e siècle*, Paris, Fayard, 2012.
- MATHIEU (Pierre-Louis), LACAMBRE (Geneviève) et FOREST (Marie-Cécile), *Le Musée Gustave Moreau*, Paris, RMN, 2005.
- MATHIEU (Pierre-Louis), *Tout l'œuvre peint de Gustave Moreau*, Paris, Flammarion, 1991.
- MOREAU (Gustave), *L'Assembleur de rêves : écrits complets de Gustave Moreau*, préface de Pierre-Louis Mathieu, Saint-Clément-de-Rivière, Fata Morgana, 1984.
- WHITE (Harrison et Cynthia), *La Carrière des peintres au XIX^e siècle*, Paris, Flammarion, 2009.
- YON (Jean-Claude), *Histoire culturelle de la France au XIX^e siècle*, Paris, Armand Colin, 2010.


## SOURCES ICONOGRAPHIQUES


- MOREAU (Gustave), *Jupiter et Sémélé*, 1895, huile sur toile, 213 x 118 cm, Paris, musée Gustave Moreau. La photo reproduite est réputée libre de droits.

- Moreau (Gustave), *L'Apparition*, 1876, aquarelle, 106 x 72,2 cm, Paris, musée d'Orsay. La photo reproduite est réputée libre de droits.
- Moreau (Gustave), *Œdipe et le Sphinx*, 1864, huile sur toile, 207 x 105 cm, New York, Metropolitan Museum of Art. La photo reproduite est réputée libre de droits.
- Moreau (Gustave), *Orphée*, 1865, huile sur toile, 99,5 x 155 cm, Paris, musée d'Orsay. La photo reproduite est réputée libre de droits.

www.50minutes.com

Éditeur responsable : Lemaitre Publishing
Rue Lemaitre 4 | BE-5000 Namur
info@lemaitre-editions.com

ISBN ebook : 978-2-8062-6153-3
ISBN papier : 978-2-8062-6154-0
Dépôt légal : D/2015/12603/118
Photo de couverture : © *Œdipe et le Sphinx*, 1864, par Gustave Moreau.

Conception numérique : Primento, le partenaire numérique des éditeurs